L'APOLOGIE DES FEMMES.

*Par Monsieur P***

A PARIS,
Chez { la Veuve de JEAN BAPTISTE COIGNARD, Imprimeur du Roy,
ET
JEAN BAPTISTE COIGNARD Fils, Imprimeur Ordinaire du Roy,
& de l'Académie Françoise, ruë S. Jacques, à la Bible d'or.

M. DC. XCIV.
AVEC PRIVILEGE DE SA MAJESTÉ.

PREFACE.

CETTE Apologie n'est point une réponse en forme à la Satyre contre les Femmes & contre le Mariage, puisqu'elle a esté composée & lûë mesme en plusieurs endroits avant que la Satyre fût imprimée. C'est seulement une piece de Poësie qui défend ce que la Satyre attaque, pour donner au Public la satisfaction de voir sur cette matiere & le pour & le contre. Je sçay que le parti que j'ay pris, quoy-que le plus juste & le plus loüable, est le moins avantageux à celuy qui le soûtient, parce que les Rieurs seront toûjours du costé de la raillerie & de la medisance; mais ayant appris il y a quelque temps le sujet de la Satyre, & la maniere à peu prés, dont on le devoit traiter, je ne pûs m'empescher de travailler en faveur du sentiment contraire. Comme on sçait que l'Autheur de cet Ouvrage & moy ne sommes pas de mesme avis sur bien des choses, je crus qu'on ne seroit pas fasché de me voir encore opposé à luy sur un sujet de cette nature, où il s'agit de la défense, non seulement de la verité, mais encore des bonnes mœurs & de l'honnesteté publique.

L'Autheur de la Satyre agit toûjours sur un principe qui est bien faux & capable de faire faire bien des fautes. Il s'imagine qu'on ne peut manquer en suivant l'exemple des Anciens; & parce qu'Horace & Juvenal ont declamé contre les femmes d'une maniere scandaleuse & en des termes qui blessent la pudeur, il s'est persuadé estre en droit de faire la mesme chose, ne considerant pas que les mœurs d'aujourd'huy sont bien differentes de celles du temps de ces deux Poëtes, où l'on avoit, comme ils le disent, divers moyens de se passer du mariage, qui n'estoient parmi eux que des galanteries; mais qui sont des crimes parmi les Chrétiens, & des crimes abominables.

Sur le mesme principe il croit toûjours qu'il peut maltraiter dans ses Satyres ceux qu'il luy plaira. La Raison a beau luy crier sans cesse que l'Equité naturelle nous défend de faire à autruy ce que nous ne voulons pas qui nous soit fait à nous-mesmes, cette voix ne l'émeut point, & il luy suffit qu'Horace en ait usé d'une autre maniere. Il est étrange comment luy qui est si sensible à la reprehension, qui est si alerte pour aller au devant des moindres railleries qu'on luy prepare, & qui a prevenu tant de fois les Tribunaux où l'on vouloit se plaindre de ses Satyres, continuë toûjours sur le mesme ton, & comment dans le mesme temps qu'il fait défendre à tout le monde de l'attaquer, il se donne la permission d'attaquer tout le monde.

On peut s'étonner encore qu'ayant comparé ses Satyres à nos Sermons, il n'ait pas remarqué que s'il y a quelque ressemblance entre des choses dont les unes sont si saintes & les autres si profanes, c'est qu'il est de la nature de toutes les deux de ne combattre le vice qu'en general sans jamais nommer les persones; cependant il l'a fait encore dans cette derniere Satyre, & d'une maniere qui a déplû aux plus enclins à la médisance. Car de voir toûjours revenir sur les rangs Chapelain, Cottin, Pradon, Coras & plusieurs autres; c'est la chose du monde la plus ennuieuse & la plus dégoûtante.

Il a crû aussi que si les Vers de sa Satyre estoient plus durs, plus secs, plus coupez par morceaux, plus enjambans les uns sur les autres, plus pleins de transpositions & de mauvaises césures que tous ceux qu'il a faits jusqu'icy, ils plairoient encore davantage, parce qu'ils en seroient plus semblables aux Vers des Satyres d'Horace, ne songeant pas que toutes les Langues ont leur genie particulier, & que souvent ce qui est une élegance dans le Latin est une barbarie dans le François.

Voilà une partie des erreurs où l'a conduit l'imitation mal entenduë des Anciens ; en voicy quelques-unes où il est tombé purement de son chef.

Il s'est mis dans l'esprit que son Ode Pindarique avoit eu un succez admirable, & qu'à la reserve de *certains mauvais Critiques, qui en ont censuré quelques mots & quelques syllabes*, elle avoit esté applaudie de tout le monde. On sçait assez, sans que je m'amuse à le faire voir, combien il se trompe sur cet article.

Il fonde, à ce qu'il dit, *la plus grande esperance du succez de son Ouvrage, sur l'approbation que les femmes y donneront, bien loin d'apprehender qu'elles s'en fâchent*, erreur plus grande & encore plus inexcusable. Il fait bien voir qu'il ne connoist gueres les femmes dont il croit avoir attrappé tous les caracteres, lorsqu'il s'attend d'avoir leur approbation sur un pareil Ouvrage. Pendant que tant d'honnestes gens ont bien de la peine à leur plaire en leur disant des douceurs, comment a-t-il pu croire qu'il leur plairoit en leur disant des injures ?

Il ajoûte qu'*elles le louëront de ce qu'il a trouvé moyen, dans une matiere aussi delicate que celle qu'il traitte, de ne pas laisser échapper un seul mot qui pust blesser le moins du monde la pudeur*. Quelle erreur encore ! Est-ce que *des Heros à voix luxurieuse, des Morales lubriques, des Rendez-vous chez la Cornu, & les plaisirs de l'Enfer qu'on goûte en Paradis*, peuvent se presenter à l'esprit sans y faire des images dont la pudeur est offensée. Il est vray que *les plaisirs de l'Enfer* est une expression fort obscure, & qu'on n'a jamais oüi parler des plaisirs de l'Enfer, non plus que des peines du Paradis ; mais on ne peut creuser cette pensée, que l'imagination ne se sallisse effroyablement.

Il a crû que sa Satyre serviroit à inspirer une bonne Morale, (car tout homme qui compose une Satyre, doit avoir ce dessein & l'on ne peut, sans luy faire tort, presumer qu'il ne l'a pas ;) il débutte cependant par faire entendre qu'un homme n'est gueres fin, ni gueres instruit des choses du monde, quand il croit que ses enfans sont ses enfans, ou quand il s'imagine que sa femme peut luy dire quelque parole un peu tendre, sans avoir dessein de le tromper. Voilà un beau moyen d'affermir l'amitié conjugale, & de mettre la paix dans les familles ! Il ajoûte que s'il ne s'abuse point dans son calcul, il y a trois femmes de bien dans Paris qu'il pourroit citer. Où est l'utilité de faire entendre que suivant ce calcul & le raisonnement qui en resulte, nous sommes presque tous des enfans illegitimes. Peut-estre a-t-il voulu gagner par là les suffrages des Dames : car comment pourroient-elles ne pas applaudir à un Ouvrage qui fait tant d'honneur à leur sexe, & qui va jusqu'à reconnoistre trois femmes de bien dans une Ville, où il y en a plus de deux cens mille?

Il croit que tous les caracteres de femmes qu'il a formez, sont beaux & naturels; il ne faut qu'examiner celuy de la Devote, qui est son chef-d'œuvre, pour voir combien il se trompe. Aprés avoir dit *qu'elle va quester dans les maisons pour* Satyre pag. 22. *les Pauvres, qu'elle visite les Prisons, qu'elle hante les Hospitaux*, il ajoûte *qu'elle ne peut vaincre sa passion pour le fard.* S'il avoit dit qu'elle ne peut vaincre son orgueil, sa colere ou son penchant à la medisance, cela seroit le mieux du monde, mais le fard n'est point là en sa place: car s'il s'est jamais trouvé une femme assez folle pour aller dans des Hospitaux & dans des Prisons avec du fard sur le visage, cela est si singulier qu'il ne doit point entrer dans l'idée generale d'une Devote.

On croit que le caractere de la Sçavante Ridicule a esté fait pour une Dame qui n'est plus, & dont le merite extraordinaire ne devoit luy at- Pag. 16. & 17. tirer que des loüanges. Cette Dame se plaisoit aux heures de son loisir à entendre parler d'Astronomie & de Physique; & elle avoit mesme une tres-grande pénétration pour ces Sciences, de mesme que pour plusieurs autres que la beauté & la facilité de son esprit luy avoient rendu tres-familieres. Il est encore vray qu'elle n'en faisoit aucune ostentation, & qu'on n'estimoit gueres

res moins en elle le soin de cacher ses dons, que l'avantage de les posseder. Elle estoit estimée de tout le monde; le Roy mesme prenoit plaisir à marquer la considération qu'il avoit pour son mérite par de frequentes gratifications, & elle est morte dans la reputation d'une pieté singuliere. L'Autheur de la Satyre ayant mis dans un de ses ouvrages il y a environ vingt ans les deux Vers qui suivent:

Que l'Astrolabe en main un autre aille chercher
Si le Soleil est fixe ou tourne sur son axe.

Cette Dame eut la bonté de luy dire que quand on se mesloit de faire des Satyres, il falloit connoistre les matieres dont on parloit; que ceux qui tiennent que le Soleil est fixe & immuable, sont les mesmes qui soûtiennent qu'il tourne sur son axe, & que ce ne sont point deux opinions differentes, comme il paroist le dire dans ses Vers. Elle ajoûta qu'un Astrolabe n'estoit d'aucune utilité pour découvrir si le Soleil est fixe, ou s'il tourne sur son axe. On pretend que le chagrin qu'il eut d'estre relevé là-dessus, luy a fait faire ce portrait d'une Sçavante Ridicule. Il est vray qu'il n'est pas honneste à un si grand Poëte d'ignorer les Sciences & les Arts dont il se mesle de parler; mais la Dame qui l'instruisoit, n'estoit point coupable de son ignorance, ni de la faute qu'il avoit faite, en parlant de choses qu'il ne connoissoit pas.

PREFACE.

Combien a-t-on esté indigné de voir continuer icy son acharnement sur la Clelie ? L'estime qu'on a toûjours faite de cét Ouvrage, & l'extréme veneration qu'on a toûjours euë pour l'illustre Personne qui l'a composé, ont fait soulever tout le monde contre une attaque si souvent & si inutilement repetée. Il paroist bien que le vray merite est bien plustost une raison pour avoir place dans ses Satyres, qu'une raison d'en estre exempt.

Il s'est encore bien trompé, quand il a crû que sa Satyre pourroit réüssir à la Cour si sage aujourd'huy, si modeste & si reglée par l'exemple du Maistre. Un si grand exemple peut à la verité avoir meslé quelques Hypocrites avec les gens de bien ; mais l'Autheur de la Satyre devoit penser que ces Hypocrites seront encore plus impitoyables que les autres, & que leur empressement à exagerer l'horreur qu'ils n'ont pas, sera plus vif que celüy des gens de bien à témoigner celle qu'ils ont.

Il se trompe encore, quand il croit m'avoir beaucoup mortifié, en disant que le Poëme de saint Paulin pourrit chez Coignard. (N'est-il point las de dire qu'un Livre pourrit chez l'Imprimeur, qu'il s'y roussit par les bords, qu'il va chez l'Epicier, chez le Chapelier, chez la Beurriere, & cent autres choses semblables déja usées du temps d'Horace & de Juvenal.) Le Poëme de S. Paulin ne pourrit point chez Coignard, il ſe debite autant qu'un autre Livre de devotion en Vers, & qui eſtant rempli de ſentimens de pieté, n'eſt pas de nature à eſtre recherché avec autant d'empreſſement que des Satyres pleines de médiſances. Il a beau ſe glorifier du grand debit que l'on a fait de ſes Satyres, ce debit n'approchera jamais de celuy de Jean de Paris, de Pierre de Provence, de la Miſere des Clercs, de la Malice des Femmes, ni du moindre des Almanachs imprimez à Troye au Chapon d'or. Il me fait dire en cet endroit des choſes que je n'ay point dites, ou que j'ay dites tout autrement qu'elles ne ſont exprimées; mais c'eſt la maniere dont il en uſe ordinairement à mon égard.

Puiſqu'il paroiſt avoir une ſi grande ſoif de reputation, & qu'elle va juſqu'à ne pouvoir ſouffrir le peu que j'en ay (car l'Autheur du S. Paulin lui tient au cœur, quelque mal qu'il en diſe de tous coſtez :) que ne compoſe-t-il un Ouvrage purement de luy, où il n'y ait point de médiſance, & qui plaiſe par la ſeule beauté de ſon genie. Pourquoy, au lieu de ſe renfermer, comme il fait, dans la peinture de ce qu'il y a de laid dans les hommes, ne s'occupe-t-il à celebrer les vertus que le Ciel leur a données? Au lieu de voler toûjours terre à terre, comme un Corbeau qui va de charogne en charogne, que ne s'éleve-t-il comme un Aigle vers les grandes & les hautes matieres. Le Ciel, la Terre, les Enfers, les Anges & les Demons, Celuy mesme qui a fait toutes choses, peuvent estre le digne objet de ses travaux & de ses veilles : car tant qu'il ne fera que des Satyres comme celles qu'il nous a données, Horace & Juvenal viendront toûjours revendiquer plus de la moitié des bonnes choses qu'il y aura mises. Chapelain, Quinault, Cassagne & les autres qu'il aura nommez, pretendront aussi qu'une partie de l'agrément qu'on y trouve, vient de la celebrité de leur nom, qu'on se plaist à y voir tourné en ridicule. La malignité du cœur humain qui aime tant la médisance & la calomnie, parce qu'elles élevent secrettement celuy qui lit au dessus de ceux qu'elles abaissent, dira toûjours que c'est elle qui fait trouver tant de plaisir dans les Ouvrages de M. D.... & que s'ils estoient lûs avec les yeux que donne la charité, il s'en faudroit beaucoup qu'on y trouvast les mesmes charmes, pour ne rien dire de plus. Il est vray qu'il a si peu réüssi quand il a voulu traiter des sujets d'un autre genre que ceux de la Satyre, qu'il pourroit y avoir de la malice à luy donner ce conseil.

Il me semble que jusqu'icy j'ay repris dans les Ouvrages de l'Autheur de la Satyre autre chose que *des mots & des syllabes*, & que j'ay attaqué des endroits essentiels & de consequence ; mais où a-t-il vû qu'en fait de versification (car il ne s'agit gueres que de cela dans ses compositions,) où a-t-il vû, dis-je, que dans des Ouvrages en Vers, les mots & les syllabes soient de peu d'importance. J'aimerois autant qu'un Musicien nous dist que les mauvais accords, les dissonnances & le manque de mesure ne sont d'aucune consequence dans une composition de Musique. A-t-il oublié de quelle sorte Quintilien parle du jugement des oreilles. Il donne à ce jugement l'épithete de tres-superbe, pour marquer que les oreilles s'offensent aisément & pardonnent difficilement ; il faut que les paroles qui veulent plaire à l'esprit, commencent par plaire aux oreilles, ou du moins qu'elles ne les blessent pas en passant chez elles.

Pour achever de faire voir qu'on a eû raison de ne donner pas à la Satyre les applaudissemens que *les amis de son Autheur prétendoient qu'on luy donneroit comme au plus beau de ses Ouvrages*, il n'y auroit qu'à l'examiner dans le détail. Il n'y eut jamais un plus beau champ pour la Critique, & ceux qui voudront l'entreprendre, ne travailleront pas sur une matiere ingrate ; pour moy je me contenteray de marquer legerement quelques endroits qui m'ont frappé plus que les autres.

PREFACE.

Il me paroist qu'on ne sçait la plûpart du temps lequel des deux Interlocuteurs parle dans la Satyre.

Il pretend qu'un certain nombre de Vers qu'il a fait imprimer en autre caractere que le reste, sont une Traduction du commencement de la sixiéme Satyre de Juvenal; car il met en marge que *ce sont les paroles du commencement de cette Satyre:* cependant ces Vers ne contiennent ni les paroles ni mesme le sens de Juvenal. Les voicy.

Paroles du commencement de la Satyre de Juvenal.

Que dez le temps de Rhée
La Chasteté déja la rougeur sur le front
Avoit chez les mortels reçû plus d'un affront:
Qu'on vit avec le fer naistre les injustices,
L'impieté, l'orgueil & tous les autres vices,
Mais que la bonne foy dans l'amour conjugal,
N'alla point jusqu'au temps du troisiéme metal.

Voicy une Traduction du commencement de cette sixiéme Satyre de Juvenal, que je ne donne pas pour fort élegante, mais qui est tres fidelle.

PREFACE.

Je croy que la Pudeur fut toûjours reverée
Dans les temps bienheureux de Saturne & de Rhée,
Lorsqu'un Antre sauvage éclairé d'un faux jour,
Faisoit de nos ayeux le plus riche sejour,
Et cachoit sous le frais de son ombre champestre
Les hommes & leurs Dieux, le betail & son maistre,
Quand la femme rustique avec de viles peaux
Couvroit un lit de joncs, de mousse & de roseaux,
Et vous ressemblant peu, Beauté pleine de charmes,
Qui pour un moineau mort versastes tant de larmes,
Presentoit la mamelle à son fils déja grand,
Et comme son époux ne vivoit que de gland,
Car d'un air moins poli qu'en ce siecle où nous sommes,
Dans leurs sombres forests vivoient les premiers hommes,
Qui d'un chesne sortis ou d'Argile formez,
Sans aide de Parens se virent animez.
Alors de la Pudeur on put voir quelque marque,
Mesmes sous Jupiter encor jeune Monarque,

PREFACE.

Quand les Grecs moins rusez & moins ingenieux
Ne juroient pas encor par leurs Rois ou leurs Dieux,
Quand les plus beaux Jardins n'avoient ni murs ni porte,
Et qu'on alloit par tout sans peur & sans escorte,
Depuis avec ses sœurs, loin des terrestres lieux,
Astrée, & la Pudeur s'envolerent aux Cieux.
Posthume, c'est sans doute un long & vieil usage,
D'enfraindre sans respect la foy du mariage,
Le dur siecle de Fer, de cent crimes divers,
Non connus jusqu'alors inonda l'Univers,
Fit voir des assassins, des voleurs, des faussaires;
Mais dez l'âge d'argent l'on vit des Adulteres.

On voit clairement par cette Traduction, que les paroles qu'on donne pour estre de Juvenal n'en sont point, & mesmes qu'elles portent un sens contraire à celuy de ce Poëte; car ce Poëte dit que la Pudeur demeura sur la Terre pendant le regne de Saturne qui est le mesme que celuy de Rhée, & que le siecle d'argent vit les premiers Adulteres; Et le pretendu Traducteur dit que dez le temps de Rhée,

La

La Chasteté déja la rougeur sur le front,
Avoit chez les mortels reçû plus d'un affront.

L'Autheur de la Satyre n'auroit-il point fait cette Traduction, pour montrer d'une maniere fine combien les Modernes sont inferieurs aux Anciens?

Il y a une infinité de Vers qui n'ont point de cesures ; en voicy quelques-uns.

Dans la ruë en avoient rendu graces à Dieu Pag. 12.
Son mariage n'est qu'une longue querelle Pag. 14.
Ne sçavent pas s'il est au monde un S. Paulin Pag. 18.
Qui veut vingt ans encore aprés son mariage. Pag. 26.

Pour les transpositions il y en a d'insupportables, & en grande abondance. Mr Chapelain n'estoit qu'un apprentif pour les faire bien dures & bien sauvages ; je n'en rapporteray que deux ou trois.

Entendre des discours sur l'amour seul roulans, Pag. 6.
De Phedre dedaignant la pudeur enfantine. Pag. 8.

Cette derniere transposition fait une équivoque ; on ne sçait s'il veut dire que Phedre dédaignoit la pudeur enfantine, comme la Grammaire & la construction naturelle veulent qu'on l'entende : ou si c'est *la femme yvre d'un Mousquetaire,* qui dédaigne la pudeur enfantine de Phedre.

Pag. 15. *Et partout où tu vas, dans ses yeux enflammez,*

T'offrir non pas d'Isis la tranquille Eumenide.

Il falloit mettre, *t'offrir dans ses yeux enflammez*, & non pas, *dans ses yeux enflammez t'offrir*. Ce qui suit, donne à croire que l'Ombre de Quinault le poursuit par tout: car aprés luy avoir donné dés l'abord un coup de dent en parlant de la morale de l'Opera, de quoy s'avise-t-il d'aller chercher hors de propos, qu'il y a dans l'Opera d'Isis une Furie qui à son gré ne se tourmente pas assez. Il y a là quelque chose qui n'est pas naturel, & qui marque qu'il y est poussé malgré qu'il en ayt

Pag. 16. *A chasser un Valet dans la maison cheri*

Pag. 27. *D'un Censeur dans le fond qui folastre & qui rit.*

Je ne m'arresteray point aux chevilles ni aux obscuritez, elles y sont presque sans nombre; & de plus cela ne consiste souvent qu'en *mots & en syllabes*.

L'Histoire du Magistrat avare, & de sa femme qui l'estoit encore plus que luy, me semble un peu hardie. Dieu veüille que l'Autheur ne s'en apperçoive pas, car il pourroit y avoir des Parens d'assez mauvaise humeur pour n'en pas rire.

Pag. 15. Peu de gens ont entendu ce que vouloit dire un *lit effronté*, où une Dame se fait traiter d'une ſanté viſible & parfaite. S'il s'agiſſoit d'un lit de débauche où une femme eût commis pluſieurs adulteres, on pourroit s'imaginer, pour peu qu'on ſe laiſſaſt aller à la Poëſie, que l'effronterie de la femme auroit paſſé juſqu'à ſon lit; mais d'appeller ce lit effronté, parce que la femme qui eſt couchée deſſus, oſe dire qu'elle eſt malade quand elle ne l'eſt pas : il y a aſſeurement un peu trop de Poëſie dans cette fiction.

On a de la peine à deviner ce que veulent dire ces deux Vers.

Mais pour quelques vertus ſi pures, ſi ſinceres,
Combien y trouve-t-on d'impudentes fauſſaires. Pag. 21.

Par fauſſaires on ne peut entendre que ceux qui contrefont, ou des Actes ou des ſignatures. On n'a jamais oüi parler que les femmes ſe mélaſſent d'un tel meſtier. Elles ont bien de la peine à former une vraye écriture, comment auroient-elles aſſez d'habileté pour en faire de fauſſe ? On entrevoit que par fauſſaires il veut dire des hypocrites, mais cela ne s'entend que parce qu'on veut bien l'entendre.

Cecy eſt encore un peu obſcur :

Et que dans ſon logis fait neuf en ſon abſence, Pag. 25.

On ne comprend point comment un homme revenant de la Ville chez luy, peut trouver ſon logis fait neuf : il faut plus de temps pour faire un logis neuf. S'il y avoit qu'il trouve qu'on a fait maison neuve chez luy, cela s'entendroit : car maison signifie aussi-bien ceux qui habitent une maison, que la maison mesme ; mais logis ne signifie que le lieu où l'on habite.

Cecy est plus étrange.

Pag. 5. *N'allons donc point icy reformer l'Univers,*

Ni par de vains Discours & de frivoles Vers.

N'est-il pas plaisant que le Poëte fasse parler un de ses Interlocuteurs, comme si la conversation qu'il rapporte s'estoit faite en Vers : c'est comme si Corneille avoit fait dire à Auguste en parlant à Cinna : Preste l'oreille à mes Vers, au lieu de dire, comme il fait : *Preste l'oreille à mes Discours.*

Satyr. pag. 26. On a de la peine à entendre ce que veut dire *une Capanée.* On ne sçait si on voit un homme ou une femme. *Une*, marque que c'est une femme ; & *Capanée*, que c'est un homme : car c'estoit un des sept Capitaines qui assiegeoient la ville de Thebes, fort connu par son impieté. Je ne sçai pas si on peut dire qu'une femme est une Capanée, pour signifier qu'elle est une Impie ; mais je sçay bien qu'on ne dira jamais qu'une femme est une Thesée, pour dire qu'elle est une infidelle ; qu'elle est une Ciceron, pour dire qu'elle est fort eloquente, ni qu'elle est une Socrate, pour dire qu'-

elle eſt fort ſage. Il y a là, ſi je ne me trompe, un ſolecisme, & des plus gros, peut-eſtre que l'*apprentie Autheur* qui a precedé, authoriſe *une Capanée*, & qu'*une Capanée* authoriſe enſuite l'*apprentie Autheur*. Je doute cependant qu'ils ſe puiſſent maintenir l'un l'autre, ni meſme s'empeſcher de tomber tous deux.

Il dit que les Pariſiens ſont

Gens de douce nature, & maris bons Chreſtiens. Pag. 21

Si on examine de prés ce que *bons Chreſtiens* veut dire là, pour peu qu'on aime le nom de Chreſtien, il ſera difficile de n'eſtre pas indigné de la ſignification que l'on luy fait avoir.

Mais c'eſt aſſez parlé de la Satyre contre les femmes, diſons quelque choſe de leur Apologie. Je ne doute point que pluſieurs gens du bel air ne trouvent étrange que je faſſe conſiſter un ſi grand bonheur dans l'amitié conjugale, eux qui ne regardent ordinairement le mariage que comme une voye à leur établiſſement dans le monde, & qui croyent que s'il faut prendre une femme pour avoir des Enfans, il faut choiſir une Maiſtreſſe pour avoir du plaiſir. Mais cette conduite vitieuſe, quoy-qu'aſſez uſitée, ne prevaudra jamais aux premieres loix de la Nature & de la Raiſon, qui demandent une union parfaite entre ceux qui ſe marient: loix ſi ſages, ſi commodes & ſi honneſtes.

Je suis encore persuadé que quelques femmes de la haute volée n'aimeront pas ces meres & ces filles, qui travaillant chez elles,

Apol. pag. 7. *Ne songent qu'à leur tasche, & qu'à bien recevoir*
Leur pere ou leur époux quand il revient le soir.

Elles trouveront ces manieres bien bourgeoises, & le sentiment que j'ay là-dessus, bien antique pour un Défenseur des Modernes ; mais quoy qu'elles puissent dire, & quelque authorisées qu'elles soient par l'usage & par la mode, il sera toûjours plus honeste pour elles de s'occuper à des ouvrages convenables à leur sexe & à leur qualité, que de passer leur vie dans une oisiveté continuelle.

Il y a quelques portraits dans mon Apologie, mais ils ne marquent persone en particulier ; & si quelqu'un se les applique, c'est qu'il le voudra bien, & qu'il trouvera que ces portraits luy ressemblent. Il n'en est pas ainsi du portrait de l'Autheur de S. Paulin dans la Satyre. Quelque obscur que soit cét Autheur, & quoy-qu'il n'y ait point d'honneste homme qui sçache s'il *est au monde un Saint Paulin*, plusieurs honnestes gens n'ont pas laissé de le reconnoistre, sans le secours mesme de la premiere lettre de son nom, & des deux étoiles qui marquent qu'il est de deux syllabes.

La Satyre paroist en quelque façon faire main-basse sur toutes sortes de Mariages, & n'en approuver aucun ; je ſerois bien faſché qu'on crût que je penſe la meſme choſe du Célibat. Non ſeulement je le loüe & le revere dans ceux qui ſe conſacrent à l'Egliſe, ou qui ſe retirent dans des Monaſteres; je le loüe encore dans ceux qui le choiſiſſent pour mener une vie plus auſtere, en demeurant dans le monde, ou pour vacquer plus librement à l'étude. Je le loüe meſme en ceux qui n'ayant pas le bien neceſſaire pour ſoûtenir les charges & les dépenſes du mariage ſelon leur qualité, s'en éloignent par prudence & par moderation. Je n'en veux qu'à ceux qui choiſiſſent cét état par pur libertinage, pour ne pouvoir ſouffrir aucun lien qui les retienne dans les bornes de la raiſon & de l'honneſteté ; à ces hommes ſans joug, à ces enfans de Belial, comme parle l'Ecriture, qui non contens de vivre ſans regle & ſans ordre, veulent que tout le monde vive comme eux, & qui pretendent, tout inſenſez qu'ils ſont, paſſer pour les plus ſages d'entre les hommes.

L'APOLOGIE DES FEMMES.

IMANDRE *avoit un Fils, triste, fâcheux, colere,*
Des Misantropes noirs le plus atrabilaire,
Qui mortel ennemi de tout le genre humain,
D'une maligne dent déchiroit le prochain,
Et sur le Sexe mesme, emporté par sa bile,
Exerçoit sans pitié, l'acreté de son style.

Le Pere qui vouloit qu'une suite d'enfans
Peust transmettre son nom dans les Siecles suivans,

Cent fois l'avoit pressé, pour en avoir lignée,
De vouloir se soumettre aux Loix de l'Hymenée;
Et cent fois par ce fils de chagrins herissé,
Se vit avec douleur vivement repoussé.

Un jour qu'il le trouva d'une humeur moins sauvage,
Le tirant à l'écart il luy tint ce langage:
Ce qui plaist, ce qui charme & qu'on aime en tous lieux,
Te sera-t-il toûjours un objet odieux?
Ne sçaurois-je esperer que ton dedain se passe,
Et qu'enfin le beau sexe avec toy rentre en grace?
Si tu t'en éloignois par un saint mouvement
Et pour ne regarder que le Ciel seulement,
Te blâmer sur ce point seroit une injustice,
Et je t'applaudirois d'un si grand sacrifice;
Mais ce qui t'a jetté hors du chemin battu,
Ce n'est que le Caprice & non pas la Vertu.

C'est un ordre eternel qu'encore toute pure
Au fond de tous les cœurs imprima la Nature,

De rendre à ses Enfans le depost precieux
De la clarté du jour qu'on tient de ses Ayeux.
Heureux ! qui reverant cette sainte conduite,
N'arreste pas en soy, de soy-mesme la suite ;
Mais se rend immortel au gré de son desir.
Serois-tu bien, mon fils, insensible au plaisir
De voir un jour de toy naistre un autre toy-mesme
Qui serve l'Eternel, qui l'adore & qui l'aime ?
Qui lorsque le trépas aura fermé tes yeux,
Aprés toy rende hommage à son nom glorieux,
Et d'où puisse sortir une feconde race,
Qui jusqu'au dernier jour le benisse en ta place ?
Tu sçais, je te l'ay dit, à quoy tendent mes vœux,
Et ce qui peut nous rendre & l'un & l'autre heureux.

Il est, j'en suis d'accord, des femmes infidelles,
Et dignes du mespris que ton cœur a pour elles ;
Mais si de deux ou trois le crime est averé,
Faut-il que tout le sexe en soit deshonoré.

Dans une grande Ville où tout est innombrable,
Comme il est naturel de chercher son semblable,
D'aimer à le connoistre & d'en estre connu
Selon les divers gousts dont on est prevenu,
Chacun en quelque endroit que le hazard le porte,
Ne rencontre & ne voit que des gens de sa sorte.
Ceux qui par le sçavoir se sont rendu fameux,
Ne trouvent sur leurs pas que des sçavans comme eux;
Ceux qui cherchant toûjours la Pierre bien aimée,
Ont l'art de convertir leur argent en fumée,
Ne trouvent que des gens qui fondant le metal,
Par le mesme chemin courrent à l'Hospital.
L'homme de symphonie & de fine musique,
Abordera toûjours un homme qui s'en pique;
Et ceux qui de rubis se bourgeonnent le nez,
En rencontrent par tout d'encor plus bourgeonnez;
Ceux qu'à le bien servir le Tout-puissant appelle,
Ne trouvent que des Saints brûlans du mesme Zele,
Que des cœurs où le Ciel ses dons a repandus:
Faut-il donc s'étonner si des hommes perdus,

Jugeant du ſexe entier par celles qu'ils ont veuës,
Aſſeurent qu'il n'eſt plus que des femmes perduës?

Pour ſix qui ſans cervelle avec un peu d'appas,
Feront de tous coſtez du bruit & du fracas,
Par leur dance, leur jeu, leurs folles maſcarades,
Leurs cadeaux indiſcrets, leurs ſombres promenades,
Sans peine on trouvera mille femmes de bien,
Qui vivent en repos & dont on ne dit rien.

A toute heure, en tous lieux la Coquette ſe montre,
Il n'eſt point de Plaiſirs où l'on ne la rencontre,
Allez au Cours, au Bal, allez à l'Opera,
A la Foire, il eſt ſeur qu'elle s'y trouvera.
Il ſemble, à regarder l'eſſor de ſa folie,
Que pour eſtre par tout elle ſe multiplie.
Pour des femmes d'honneur, dans ces lieux hazardeux
De cent que l'on connoiſt on n'en verra pas deux.

Rejette donc, mon fils, cette fauſſe maxime
Qu'on trouve rarement une femme ſans crime,
C'eſt ſeulement ainſi que parle un Suborneur,
Qui de femmes ſans foy, ſans honte & ſans honneur
Fait, prés de ſon Iris, une liſte bien ample,
Pour la faire tomber par le mauvais exemple.

Au lieu d'eſtre toûjours dans les lieux de plaiſir
A repaiſtre tes yeux, à charmer ton loiſir,
A regarder ſans ceſſe au Cours, aux Thuilleries,
Du Fard & du Brocard chargé de Pierreries,
Va dans les Hoſpitaux où l'on voit de longs rangs
De malades plaintifs, de morts & de mourans;
Là tu rencontreras en tout temps, à toute heure,
Malgré l'air infecté de leur triſte demeure,
Mille femmes d'honneur, dont ſouvent la beauté
Que cache & qu'amortit leur humble pieté,
A de plus doux appas pour des ames bien faites,
Que tout le vain éclat des plus vives Coquettes.

Descens dans des caveaux, monte dans des greniers
Où des Pauvres obscurs fourmillent à milliers,
Tu n'y verras pas moins de Dames vertueuses
Frequenter sans dégoust ces retraites affreuses,
Et par leur Zele ardent, leurs aumosnes, leurs soins,
Soulager tous leurs maux, remplir tous leurs besoins.
Entre dans les Reduits des honnestes familles,
Et vois-y travailler les meres & les filles,
Ne songeant qu'à leur tâche & qu'à bien recevoir
Leur pere ou leur époux quand il revient le soir.
Charmé de leur conduite & si simple & si sage,
Tu te verras contraint de changer de langage.

Peux-tu ne sçavoir pas que la Civilité
Chez les Femmes nâquit avec l'Honnesteté?
Que chez elles se prend la fine politesse,
Le bon air, le bon goust, & la delicatesse?
Regarde un peu de prés celuy qui Loupgarou,
Loin du sexe a vescu renfermé dans son trou,

Tu le verras crasseux, mal-adroit & sauvage,
Farouche dans ses mœurs, rude dans son langage,
Ne pouvoir rien penser de fin, d'ingenieux,
Ni dire jamais rien que de dur ou de vieux.
S'il joint à ces talens l'amour de l'Antiquaille,
S'il trouve qu'en nos jours on ne fait rien qui vaille,
Et qu'à tout bon Moderne il donne un coup de dent,
De ces dons rassemblez se forme le Pedant,
Le plus fastidieux, comme le plus immonde,
De tous les animaux qui rampent dans le monde.

Quand le sexe s'oublie, & de tant de façons
Sert de folle matiere à de folles chansons,
N'as-tu pas remarqué que de tout ce scandale,
Les Maris sont souvent la cause principale,
Soit par le dur excés de leur severité,
Soit par leur indolence & leur trop de bonté.

S'il arrive qu'un jour aux nœuds du mariage,
En suivant mes desirs ton heureux sort t'engage,

Ne

Ne t'aviſes jamais d'affecter la rigueur,
De vivre en Pedagogue avec trop de hauteur,
Temoignes de l'amour, du reſpect, de l'eſtime,
En Mari toutefois qui conduit & qui prime:
On a beau publier & prôner en tous lieux
Que le ſexe eſt hautain, qu'il est imperieux;
La Femme en ſon époux aime à trouver ſon maiſtre,
Lorſque par ſes vertus il merite de l'eſtre;
Si l'on la voit ſouvent reſoudre & decider,
C'eſt que le foible époux ne ſçait pas commander.

Il en eſt, il eſt vray, qui dans leurs mariages
N'ont pas toûjours trouvé des Epouſes bien ſages;
Mais auroient-ils le front d'en oſer murmurer?
Ont-ils en épouſant tâché d'en rencontrer?
Eux & leurs vieux Parens avecque leurs beſicles
N'ont pendant pluſieurs mois lû, relû des articles
Qu'afin de parvenir par leur ſoin diligent,
A bien apparier deux tas d'or & d'argent,

Sans regarder plus loin, sans voir si les Parties
D'esprit, d'âge & d'humeur seroient bien assorties.
Ils ne comprennent point que pour vivre content,
Le choix de la personne est le plus important;
C'est une verité qui leur semble bizare,
Et qui n'entra jamais dans le cœur d'un Avare.

Quand le premier Mortel fut mis dans l'Univers,
Pour commander luy seul à tant d'Estres divers,
Il vit, n'en doutons point, avecque complaisance,
Ses richesses sans nombre, & sa vaste puissance;
Mais lorsque degagé de son premier sommeil,
Le Seigneur luy montra la femme à son reveil,
La femme sa moitié, sa compagne fidelle;
Quittant tout, il tourna tous ses regards sur elle,
Et charmé de la voir, trouva moins de douceur
A regir l'Univers qu'à regner dans son cœur:

La Gloire nous ravit par sa beauté suprême,
L'Or nous rend tout-puissans & nous charme de même;

Mais malgré tout l'éclat dont ils frappent nos yeux,
Des biens le plus solide & le plus precieux,
Est de voir pour jamais unir sa destinée
Avec une Moitié sage, douce & bien née,
Qui couronne sa Dot d'une chaste pudeur,
D'une vertu sincere & d'une tendre ardeur.
A ces dons precieux, si le Ciel favorable
Se plaisant à former un chef-d'œuvre admirable,
D'une beauté parfaite a joint tous les attraits,
Le vif éclat du teint, la finesse des traits;
Si ses beaux yeux, ornez d'une brune paupiere,
Jettent, sans y penser, de longs traits de lumiere;
Si sa bouche enfantine & d'un coral sans prix,
A tous les agrémens que forme un doux souris;
Si sa main le dispute à celles de l'Aurore,
Et si le bout des doigts est plus vermeil encore:
Faudra-t-il deplorer le sort de son Epoux,
Et pourrois-tu le voir sans en estre jaloux?
Il n'est rien icy bas de plus digne d'envie,
Ni qui mesle tant d'or au tissu d'une vie.

Les malheurs les plus grands n'ont rien d'aſpre, d'affreux,
Quand deux cœurs bien unis les partagent entre eux,
Et le moindre bonheur que le Ciel leur envoye,
Les inonde à l'envi d'un Ocean de joye.

Si dans la bonne chere un Epoux emporté,
En diſſipant ſon bien altere ſa ſanté,
Par de ſages repas, & ſans dépenſe vaine,
Chez elle adroitement l'Epouſe le rameine,
Et retranchant toûjours la ſuperfluité,
Le remet pas à pas dans la frugalité.

Si ſon œil aperçoit quelque intrigue galante,
Alors elle ſe rend encor plus complaiſante,
Souffre tout, ne dit mot, tant qu'enfin ſa douceur
L'attendrit, le deſarme & regagne ſon cœur.
Par elle tous les jours la Jeuneſſe volage,
Se retire du vice & du libertinage ;

Par ſa bonne conduite une famille en paix ;
A des enfans bien nez, & de ſages valets,
Par elle une Maiſon tombée en decadence,
Voit revivre en ſon ſein l'éclat & l'abondance.

Ce n'eſt point ſeulement dans les premiers beaux jours,
Ni dans la jeune ardeur des naiſſantes amours,
Que d'un heureux hymen ſe goûtent les delices,
Son cours n'eſt pas moins doux que ſes tendres premices.
C'eſt un bonheur égal, un bien de tous les temps.

Ah ! combien d'un époux les yeux ſont-ils contents,
Quand il voit prés de luy pendant ſa maladie,
Une épouſe attentive, & qui ne s'étudie
Qu'à prevoir ſes beſoins & qu'à le ſoulager,
Et qui pleure en ſecret dés le moindre danger ;
Tout plaiſt d'elle, il n'eſt plus de medecine amere
Dés qu'elle paſſe à luy par une main ſi chere ;

Et si le Ciel enfin ordonne son trépas,
Sans peine & sans murmure il meurt entre ses bras.

Ainsi s'acheve en paix l'heureuse destinée
De celuy qu'en ses nœuds engage l'hymenée,
Pendant que le prôneur du libre celibat,
Luttant contre la Mort sur son triste grabat,
Confus, embarassé d'un si penible rôle,
Voit l'œil à demi clos, son valet qui le vole,
Et sent, quoy qu'abattu de douleur & d'ennuy,
Qu'on tire impudemment son drap de dessous luy.

Si son destin permet qu'un serviteur fidele
Luy donne en ces momens des marques de son Zele,
Ses Amis sont ailleurs, & pour comble de maux
Son lit est entouré d'aspres Collateraux,
Qui craignant que des legs ne gastent leur affaire,
Veillent à détourner Confesseur & Notaire,
Apprehendant toûjours qu'un bol de Quinquina
En faisant son effet ne le tire de là.

N'est-il pas vray, mon fils, que cette seule image
Des aimables douceurs d'un heureux mariage,
Et sur tout de l'horreur qui suit le celibat,
Te trouble, te saisit, te confond & t'abat.
Que ton esprit émû de ce qu'il vient d'entendre,
Des deux routes qu'il voit ne sçait laquelle prendre?
Je sçay qu'à mon avis tu viendras te ranger,
Mais je te donne encor du temps pour y songer.

FIN.

EXTRAIT DU PRIVILEGE DU ROY.

PAR Lettres Patentes de Sa Majesté, données à Paris le 12. Novembre 1674. signées par le Roy en son Conseil, PEPIN: Il est permis à JEAN BAPTISTE COIGNARD, Imprimeur Ordinaire du Roy à Paris, d'imprimer, vendre & debiter pendant dix années, *divers Ouvrages en Prose & en Vers de Mr P**.* Avec défenses à tous autres d'imprimer lesdits Ouvrages en Prose & en Vers, sur les peines portées par lesdites Lettres.

Registré sur le Livre de la Communauté le 19. Novembre 1674.
Signé, D. THIERRY, Syndic.

Achevé d'imprimer le 26. Mars 1694.

www.ingramcontent.com/pod-product-compliance
Lightning Source LLC
LaVergne TN
LVHW020629110826
845149LV00004B/1102
9782019191054